Los 4 pilares del vendedor consultor

Los 4 pilares del vendedor consultor

Óscar Albarrán Beltrán

Número de Control de la Biblioteca del Congreso de EE. UU.:		2015904292
ISBN:	Tapa Dura	978-1-5065-0193-2
	Tapa Blanda	978-1-5065-0192-5
	Libro Electrónico	978-1-5065-0194-9

Para realizar pedidos de este libro, contacte con:
Palibrio
1663 Liberty Drive
Suite 200
Bloomington, IN 47403
Gratis desde EE. UU. al 877.407.5847
Gratis desde México al 01.800.288.2243
Gratis desde España al 900.866.949
Desde otro país al +1.812.671.9757
Fax: 01.812.355.1576
ventas@palibrio.com
708188

ÍNDICE

INTRODUCCIÓN

Ventas consultivas

Al hablar de ventas consultivas, estimado colega, seguramente te surgirá de inmediato una contradicción, sobre todo si has estado enfocado y educado a vender de menara tradicional o transaccional, es decir, si hasta ahora has tratado de venderle a tus clientes y prospectos por la vía del esfuerzo físico-psicológico-verbal para **CONVENCERLOS DE QUE TE COMPREN.** Aquí radica la contradicción; tradicionalmente se piensa que el vendedor debe convencer a su prospecto o cliente para que le compre el producto o servicio en cuestión, este es el método de venta transaccional y/o para productos tipo estándar o comodity, sin embargo, cuando hablamos de ventas consultivas, el trabajo del vendedor, al cual llamare en este obra **"VENDEDOR CONSULTOR"** se enfoca en asesorar y ayudar a su prospecto o cliente a tomar la mejor decisión de compra, la mejor decisión de negocio o el mejor aprovechamiento de los recursos disponibles, ya sean propios o de la empresa para la cual trabaja, así pues, pasamos de la acción de vender a las acciones de asesorar, ayudar y dar consulta, de ayudar a comprar mejor, veamos las definiciones generales:

Vender: Transferir la propiedad de algo, o prestar un servicio a cambio de un precio o pago, como puedes ver, es lo opuesto a la acción de comprar.

Asesorar: Dar consejo o dictamen en materia de cierta dificultad.

Ayudar: Cooperar, colaborar.

Consultar: Pedir una opinión o consejo sobre un asunto.

Así pues, definitivamente no queremos hacer algo opuesto o antagónico a la labor de nuestros principales contactos o interlocutores, los compradores, más bien lo que queremos es ayudarles a hacer mejor su trabajo, entonces deberíamos empezar por llamarnos a nosotros mismo **Asesores de compras o Consultores de compras o simplemente Asesores o Consultores del tema acorde a los productos, tecnologías o servicios que ofrecemos.**

Si alguno de Ustedes ha comprado algún seguro de vida, salud, auto o casa últimamente, tal vez recuerden que en la tarjeta de su **"Agente de Seguros"** se incluye el titulo **"Asesor Patrimonial"**, bueno, es precisamente de lo que estamos hablando, a todos nosotros probablemente nos guste más hablar y pedir consejo a un Asesor patrimonial cuando queremos invertir en nuestra protección, ya sea personal o de nuestros bienes, y no tanto que nos visite un Vendedor de Seguros, cierto? Personalmente, como vendedor que soy, siempre he admirado a las personas que se dedican a vender seguros, pues para hacerte invertir en algo que no quieres usar o que, en algunos casos, no disfrutaras tu personalmente, realmente deben prepararse muy bien y ayudarte a ver los beneficios y tomar decisiones de inversión y protección donde la mayoría de las personas ni siquiera quieren hablar del tema.

Dicho lo anterior, si queremos ser más efectivos; eficaces y eficientes, en nuestro trabajo como vendedores, debemos convertirnos en ayudantes, asesores y consultores de nuestros clientes y prospectos, debemos ganarnos su confianza, demostrando nuestra capacidad en el tema, producto y mercado en cuestión, para que nos puedan compartir la mayor cantidad de información, de tal manera que nos permita entender mejor su situación actual y la deseada para tener la certeza de que les haremos la propuesta que les ayude a tomar la mejor decisión para cumplir sus deseos o mejorar su situación.

Si queremos pasar de ser vendedores a consultores, debemos estudiar y prepararnos en diferentes temas que iremos revisando juntos a lo largo de esta obra, estudios recientes nos dicen que lo que más valoran los compradores al considerar o no a un nuevo proveedor o vendedor es:

1. **- La confianza que les genere o no el proveedor o vendedor.**
2. **- El interés genuino que muestre el proveedor o vendedor en conocer y entender su negocio y necesidades.**

Como asesores y/o consultores, para generar y ganar confianza debemos mostrar capacidad y dominio del producto y del mercado en cuestión, para evidenciar nuestro interés en el negocio del prospecto o cliente, debemos hacer nuestra tarea de investigación, antes, durante y posterior a las entrevistas iníciales, haciendo preguntas de alto impacto e involucramiento y asegurándonos de ir entendiendo los detalles y, sobre todo, las principales preocupaciones de nuestro interlocutor, para esto, es altamente recomendable practicar la escucha empática, que revisaremos en el capítulo de comunicación, y tomar la mayor cantidad de notas posible, además de confirmar todos los datos y situaciones usando la técnica de parafrasear a nuestro interlocutor, estas dos técnicas; tomar notas y confirmar parafraseando, son de las herramientas más importantes para mostrar verdadero interés en nuestro cliente y, además, son pieza clave para elaborar una o varias propuestas de alto valor para ellos.

El objetivo de esta obra es que al leerla y usar las herramientas propuestas vayas experimentando la transformación de vendedor a consultor y vayas descubriendo la importancia de esta transformación en tu carrera presente y futura, sobre todo por la gran diferencia que te traerá en tu desarrollo, satisfacción y resultados.

AGRADECIMIENTOS

Primero a mis padres por haberme dado la oportunidad de vivir y por atenderme, comprenderme y soportarme mientras dependí de ellos, que tal vez fue más tiempo del estrictamente necesario.

A mi esposa Carmen por tantos momentos felices y también los infelices que me ayudaron reflexionar y valorar los primeros.

A mis hijos Ulises y Demian que me ayudaron a madurar pero también a seguir siendo niño y adolescente otra vez.

A todos mis maestros

A mis compañeros de trabajo en las diferentes empresas que confiaron en mí y me enseñaron, a las cuales estoy seguro que les resulte rentable mientras estuve con ellas.

De manera muy especial a Don Oscar y al Olimpo, ellos saben que contribuyeron mucho en mi vida y, desde luego a esta y todas mis obras, las buenas y las no tan buenas.

Gracias a tod@s.

PILAR I

Conoce tu producto y el de tus competidores.

Como Vendedor Consultor debes dominar tu producto, debes conocer todos los detalles relativos a este, desde la historia de su desarrollo, por supuesto los detalles técnicos, materiales y sus procesos de manufactura, su posicionamiento actual en el mundo y las diferentes regiones geográficas y económicas del mundo, desde luego debes conocer al mismo detalle los productos y/o servicios de tus competidores, al menos de los principales, una vez que tienes claras todas las características de tu producto o servicio, aquí viene el primer pilar del Vendedor Consultor, **debes traducir cada una de estas características, sobre todo las que te diferencian de tus competidores, en beneficios para tus clientes,** esta habilidad es clave pues tus clientes no están interesados en saber detalles técnicos de tu producto pero si en entender que ventajas y beneficios obtienen ellos al tener y usar tus productos, como les ayuda tu producto a ser más felices, a cumplir sus sueños, a satisfacer mejor sus necesidades o a hacer mejor su trabajo.

Por ejemplo: a mí no me interesan todos los detalles técnicos, de materiales, de manufactura, de historia, etc. de un teléfono celular, lo que me interesa es que funcione, que tenga señal siempre, que además pueda recibir y hacer llamadas en y desde cualquier parte del mundo en donde me encuentre, si además funciona igual para mis correos también es algo que voy a apreciar mucho pues me sirve para hacer mi trabajo, si además tiene funciones de fotografía que me ayuden con mi trabajo, también será bienvenida esta función, si además tiene una batería de larga duración, digamos más de 24 horas, es algo que apreciaría muchísimo, en fin, aun con estas ventajas y beneficios sigo sin interesarme en detalles técnicos de manufactura y/o materiales, incluso ni la marca, solo hasta que experimento los beneficios y entiendo que gracias a la tecnología que trae dentro es que puedo disfrutar de estos beneficios, después entenderé que hay compañías que tienen esta tecnología y otras que no la tienen, o que hay modelos de teléfonos celulares que incluyen esta tecnología y otros no y, que en función de todo lo anterior, también podrá variar el precio, pero este factor no me interesara hasta no experimentar la falta de los beneficios o ventajas que necesito para hacer mi trabajo, en mi caso particular, si un teléfono celular no me ayudara a hacer mi trabajo, realmente no lo usaría y, entonces, todas estas características técnicas y sus consecuentes beneficios teóricos no representarían ningún valor para mí, esta ultima parte es clave cuando hablemos de producto, **el valor de un producto o servicio lo define el cliente en función de los beneficios que obtenga de él,** así pues un mismo producto puede representar todo un espectro de beneficios y de valor para los diferentes clientes que componen un mercado, desde considerarlo un producto "inútil" hasta considerarlo un producto "indispensable".

Tu primera herramienta es hacer una lista de características Vs beneficios de tu producto, tratando de ponerte en los zapatos de tus diferentes clientes o mercados, esta es la base de tus conversaciones de valor frente a tus clientes o prospectos, cuando te escuchen hablar de beneficios para ellos es cuando realmente capturaras su atención e interés y no solo te escucharan pero, más importante, te empezaran a compartir mas información clave y de importancia para ellos y su toma de decisión, es decir, habrás generado confianza y ya te estarán considerando como un asesor en su procesos de compra, este nivel de conversación y confianza es lo que todo vendedor consultor debe buscar tener con sus clientes y prospectos y solo se logra con una buena preparación y enfoque en todo momento.

Ejemplo de características Vs beneficios:

Producto:

Bicicleta.

Característica	Beneficio
Canastilla delantera con capacidad para 2 pies cúbicos	Puede cargar de manera segura un portafolios, la bolsa del súper, una mascota pequeña, etc.
Cuadro de aluminio.	Bajo peso que permite cargarla para guardarla en el patio de servicio, subir escaleras, etc. solo pesa 8 kg!
Manubrio de dos posiciones.	Máxima comodidad de manejo, en velocidad alta y baja.
Doble maza de engranes para 10 velocidades.	Fácil adaptación de velocidad en bajadas y subidas, sin ser experto en bicicletas.
Tornillo de ajuste de altura del asiento.	Asiento ajustable a diferentes alturas para máxima comodidad y seguridad de manejo.

Que información usarías, como vendedor consultor, frente a tu cliente o prospecto?

obviamente el mercado potencial es enorme y, lo veremos más adelante, es importante segmentar lo más posible para luego definir el mercado real y entonces adecuar no solo el producto, pero más importante, la estrategia y argumentos de venta a usar como Vendedor Consultor.

Continuando con el conocimiento del producto, el Vendedor Consultor debe tener la habilidad de definir y entender en qué nivel de la pirámide de MASLOW se ubica su producto y luego en qué nivel de sofisticación está dentro de su categoría especifica, por último, también debe identificar que servicios complementarios a su producto está demandando, y está dispuesto a pagar, el mercado o el segmento de mercado objetivo, se dice fácil pero hay que tomarse el tiempo para entender, primero, y preparar mejor el producto y la oferta, empecemos pues por el principio, que es la definición y ubicación del producto dentro de la pirámide de MASLOW.

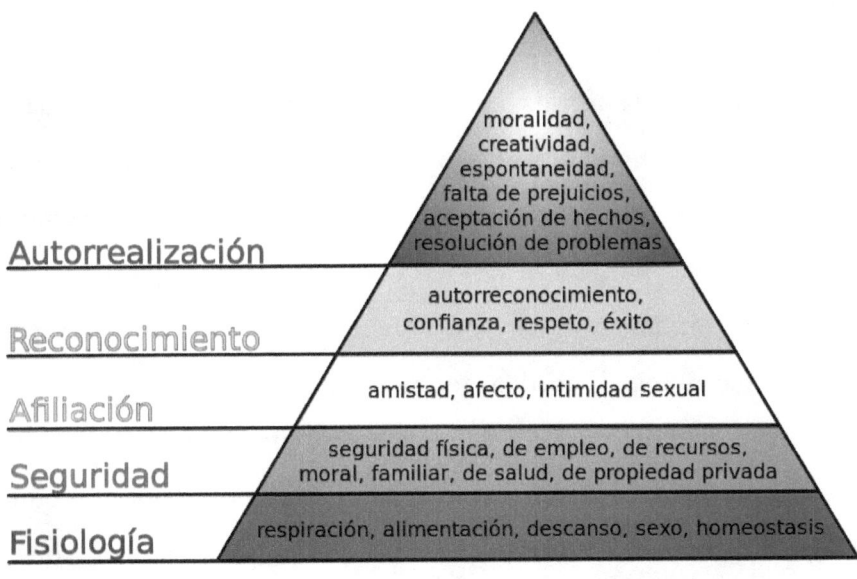

Si vemos con detalle la pirámide, también podemos entender que la humanidad ha ido evolucionando desde la base hasta la cima de la pirámide, es decir, primero se preocupo y ocupo en cubrir las necesidades básicas de supervivencia como la alimentación y después fue evolucionando a otros niveles como la seguridad, afiliación, reconocimiento y autorrealización, así pues, podemos analizar nuestro producto y ubicarlo en uno o varios niveles de esta pirámide para ir entendiendo el nivel de necesidad del mismo que mostrara el mercado al cual lo queremos dirigir, desde ahora te anticipo que, en función de nuestra creatividad, lo podremos ubicar en varios niveles, por ejemplo: digamos que ahora somos fabricantes y vendedores de tortillas, un producto básico en la alimentación de los mexicanos, si empezamos a analizar nuestro producto, podríamos definirlo como un producto súper básico y de primera necesidad y, entonces, ubicarlo en la base de la pirámide y en los primeros lugares de la lista, dicho lo anterior podríamos clasificarlo casi como un comodity, casi como una materia prima básica, esto sería cierto si la tortilla no llevara un proceso de transformación involucrado, de hecho lleva varios, no los vamos a describir a detalle para no desviarnos, pero a grandes rasgos hay que señalar que el comodity aquí es maíz, uno de los cereales básicos en el mundo que se siembra, cosecha, cose, muele y pasa por una máquina para terminar en el producto final que es la tortilla, todos estos procesos tienen un costo y el mercado paga por ellos, el valor que representan todos estos procesos para el cliente final, está incluido en el precio que pagan por el producto final, y este precio puede variar dependiendo de varios factores, como el lugar en donde se compra, o el tipo de maíz que se usa, o si lleva o no algún complemento, en la actualidad las tortillas hechas a mano pueden costar dos o tres veces más que las que son hechas en maquina, y hay un mercado, más bien un nicho de mercado, que con gusto las paga.

¿qué otra cosa puede hacer la diferencia en este producto "básico"?

¿se te ocurre algún servicio complementario?

¿qué tal entrega a domicilio?

¿qué tal entrega a domicilio y a temperatura ideal para comer?

¡recuerda que nos gustan calientitas!

¿cuánto pagarías por estos servicio adicionales?

¿Crees que haya algún nicho de mercado que esté dispuesto a pagar por este nuevo producto?

¿notas como has transformado o complementado el producto al agregar servicios?

¿Crees que el precio, para este nicho de mercado, sea el factor más importante en la decisión de compra?

En respuesta a esta última pregunta, seguramente el precio no importa tanto pues lo que busca este nicho es la comodidad de tener tortillas calientitas, hechas mano y en la comodidad de su hogar, incluso tenerlas justo en el momento que las necesita, todas estas características del producto son beneficios que representan un valor importante para este nicho de mercado el cual está dispuesto a pagar por ellos, no cualquier precio, claro está, pero si un precio diferente al que pagaría por el mismo producto sin los servicios adicionales, incluso tanto el costo como el precio extra por los servicios adicionales podrían ser mayores al costo y precio del producto base, lo cual no es raro que suceda encontrando el producto + servicio adecuados para el nicho adecuado con la estrategia adecuada.

Este sencillo ejemplo nos demuestra cómo podemos diferenciar un producto con altísima competencia y convertirlo en un producto especial prácticamente sin competencia y, seguramente, con mucho mejor margen de ganancia, inevitablemente de ahora en adelante Tu pondrás más atención a tu alrededor y seguro que encontraras algunos ejemplos parecidos porque, créeme, hay muchos y muy exitosos.

Tomemos el ejemplo anterior para entrar en la siguiente clasificación:

Comodity Vs especialidad.

Estándar Vs hecho a la medida.

Low end Vs high end.

Piensa en cualquier producto y veras como si puede pasar de un nivel a otro dentro de este espectro de estándar a hecho a la medida al agregarle algún proceso diferente, materiales distintos y/o servicios adicionales y, si hay un mercado o nicho que reconoce valor en estos cambios, entonces ya tienes un mejor negocio en tus manos, sin embargo, también existe el riesgo de abajo en este espectro, es decir, convertir algún producto y/o servicio especial en estándar, ¿cómo puede ser? bueno, sucede cuando ponemos un producto + servicio en manos de un vendedor que no conoce los beneficios y el valor de estos para el cliente y que a la primera señal de la "competencia" reacciona con una baja de precio o cuando tenemos a un competidor que quiere "comprar mercado" a cualquier precio y reduce sus márgenes al mínimo o incluso pierde margen a manera de inversión para posicionar su producto, como Vendedor Consultor Tu debes estar muy atento para identificar estas señales y reaccionar de la mejor manera, de la manera más profesional y rentable para ti y tu negocio. Entraremos a detalle en este tema en el capítulo de comunicación, si quieres, puedes revisarlo de una vez y luego regresar a este.

Para cerrar esta segunda clasificación me gustaría agregar una pirámide más que te servirá al hacer tu revisión de producto y mercado para armar la estrategia de posicionamiento y crecimiento.

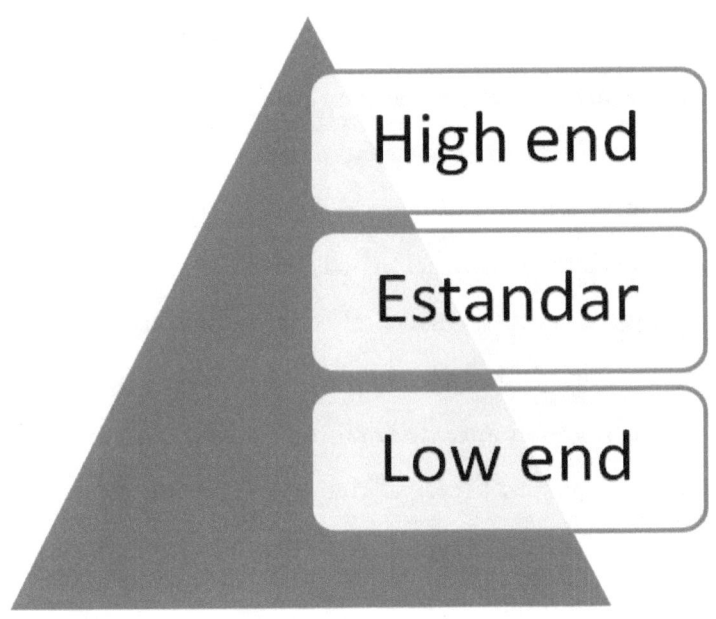

Si lo queremos ver estrictamente en español podríamos usar la siguiente:

Low end = Producto económico, básico, tecnología básica, incluso llegan a decir "Calidad de segunda"

Estándar = Producto normal o "state of the art"

High end = Producto de lujo o "Calidad de primera o Premium" mayor tecnología o última generación.

Dependiendo de cada producto, el tamaño de cada segmento será diferente y por lo tanto los márgenes de utilidad del mismo, aquí lo importante es que ubiquemos a nuestro producto en el segmento o segmentos correspondientes para partir de la mejor base para hacer nuestra estrategia y dar el mejor uso a nuestros recursos disponibles.

Las clasificaciones anteriores son de vital importancia pues dependiendo de la necesidad y sofisticación del producto, nuestro cliente o prospecto necesitara más o menos ayuda, asesoría, consultoría de parte de nosotros, es claro que para productos básicos y de muy baja sofisticación y sin ningún servicio adicional el comprador no necesitara ningún tipo de ayuda para obtener el producto y, por el contrario, para productos con mayor sofisticación, básicos o no, y que además tienen servicios o subproductos asociados, el comprador o usuario necesitara no solo ayuda pero, más importante, incluso asesoría o consultoría de parte del fabricante o representante de la fábrica, aquí es donde entrarías como Vendedor Consultor y tu principal trabajo es comunicar apropiadamente el "valor agregado" de tus productos y diferenciarlo así de los productos de tus competidores.

Ahora surge la pregunta: ¿qué es valor agregado?, bueno, ya comentamos paginas atrás que el valor agregado es el conjunto de beneficios que el cliente experimenta. reconoce y que además está dispuesto a pagar, es decir, es lo que el cliente confirma como importante y, normalmente, diferente a los demás productos en el mercado, lo podemos representar como sigue:

Precio del Producto(PP) = Costo del Producto(CP) + Valor agregado(VA)

Si acomodamos la expresión anterior para definir valor agregado tendremos:

VA = PP - CP

Y si revisamos conceptos básicos de contabilidad de costos, vemos que la expresión de VA es equivalente a la de Margen Bruto:

Margen Bruto = PP - CP

VA = MB

< VA, < MB

Entonces podemos deducir que el Valor agregado equivale al margen bruto que podemos obtener de un producto, en términos generales así es, y esto nos da la pauta para afirmar, también, que a mayor valor agregado mayor margen de ganancia en el producto, lo cual se puede confirmar en la práctica y, yo diría, es obligatorio que lo busquemos como Vendedores Consultores.

Ya sea que trabajemos para una empresa fabricante o para una empresa comercializadora o distribuidora, incluso si lo que vendemos son servicios, lo normal es que tengamos una mezcla de productos o un portafolios de productos y, seguramente no todos estarán en la categoría o clasificación de productos high end o especiales, es decir, que normalmente también tenemos una mezcla, desde el punto de vista de valor agregado, en el tipo de productos que vendemos, por lo cual es vital para nuestro desempeño como Vendedores Consultores identificar en que categoría están o podemos posicionar a cada producto y entonces dedicar el tiempo, esfuerzo y recursos adecuados a cada uno para lograr el mejor resultado para nuestra empresa, nuestros clientes y nosotros mismos, al hacer el análisis respectivo encontraras que los productos de menor sofisticación podrían representar el mayor volumen de ventas pero el menor margen y los de mayor sofisticación y valor agregado pueden representar un volumen de venta menor pero mucho mejor margen y depende de Ti que esto cambie a tu favor. En el capítulo de administración efectiva de nuestras actividades en el tiempo Tu podrás entender la relevancia que tiene para tus resultados entender y aplicar estas clasificaciones respecto al producto.

Resumen de conceptos y herramientas del pilar I

- Revisa, entiende y apréndete o ten siempre a la mano datos relevantes de la historia de tu producto.
- Elabora tu tabla de características Vs. beneficios, tanto en general como en particular por lo menos para tus principales clientes, también tenla a la mano siempre.
- Clasifica a tu producto; dentro de la pirámide de necesidades, como comodity o especialidad, como estándar o hecho a la medida o como low end o high end.
- Elabora la ecuación de valor agregado de tu producto.

$$VA = PP - CP$$

- VA = Valor agregado
- PP = Precio del producto
- CP = Costo del producto

PILAR II

Conoce y entiende tu mercado y a tus competidores.

El mercado está compuesto por todos y cada uno de los clientes actuales y potenciales para tu producto, como Vendedor Consultor debes estudiar a detalle tu mercado, la historia y la evolución del mismo, no solo localmente pero incluso a nivel mundial pues en la actualidad, con ayuda de la tecnología en materia de información, ya no hay fronteras y sería un error pensar que la competencia y los clientes actúan solo a nivel local.

Para empezar debes entender que existe un mercado potencial y un mercado real, y de este ultimo podemos ya ir definiendo un mercado meta, sin embargo, y específicamente para definir este último concepto; mercado meta, debemos tomar en cuenta nuestros recursos disponibles para producir y comercializar, incluyendo el financiamiento en cada etapa, pues de estos recursos se desprenderá el alcance que puedas tener para abarcar o no determinados mercados y entonces, ahora sí, hacer tu estrategia para llegar y posicionar tu producto en ellos.

Para irte adentrando en el concepto me gustaría partir de algunas clasificaciones generales y luego iré siendo más específico.

Primero revisemos una clasificación general por el tipo de comprador:

Mercado de consumo o de individuos:

- Es el compuesto por todas personas y familias que compran artículos para su uso personal. Estos clientes varían de manera considerable en factores como ingreso, nivel académico, creencias, edad, preferencias, etc.

Para comprender mejor este mercado se deben investigar y analizar las siguientes variables:

1. **¿Donde compran?**
2. **¿Porque compran?**
3. **¿Que compran?**
4. **¿Cuando compran?**
5. **¿Cómo compran?**
6. **¿Quién o quienes componen el mercado?**
7. **¿Quien participa en la compra?**

Cabe señalar que las mayoría de las investigaciones, estudios, desarrollos, teorías, técnicas de ventas y mercadotecnia que se encuentran en la literatura hacen referencia a este mercado, lo cual es lógico pues es el de mayor tamaño al considerar productos básicos o de primera necesidad.

Si estudiamos este mercado más detalladamente, desde el punto de vista del marketing, podremos ver que en la decisión de compra hay un factor emocional muy fuerte y va mas allá de cubrir o satisfacer una necesidad.

Cabe señalar que aun tratándose de un producto de consumo de primera necesidad, como ya lo establecimos en el capitulo anterior, podría ser necesaria la participación de un Vendedor Consultor para ayudar a los clientes a tomar la mejor decisión de compra o de inversión.

Mercado de empresas o industrial o de insumos:

- Las empresas para producir y funcionar necesitan adquirir una gran cantidad de materias primas, productos manufacturados, instalaciones, equipos, suministros y servicios de oficina.

Este mercado se diferencia de los demás por lo siguiente: se persiguen varios objetivos al adquirir un producto, como generar beneficios, reducir costos, satisfacer empleados, etc. El comprador generalmente es profesional, y participan varias personas en todo el proceso de compra, sobre todo para compras importantes o compras iniciales, se deben respetar normas internas, requisitos de calidad, evaluación de proveedores, etc. También se usan ciertos instrumentos de compra, como solicitud de propuesta de venta, contratos de compra, etc. Este mercado tiene menos compradores, son de mayor tamaño, se dan relaciones estrechas entre comprador y vendedor, la compra es directa generalmente y recíproca; se verifica una demanda derivada (porque deriva del consumo de los individuos), inelástica y fluctuante(por que una pequeña baja en el consumo de los hogares tiene gran repercusión en la industria).

Aquí podremos encontrar una mezcla de factores en la decisión de compra pues una empresa compra tanto productos terminados como materias primas o productos intermedios, al final del día quien realiza la compra es una persona y aquí es donde nuevamente, en mayor o menor grado, puede entrar en juego un factor emocional, dependiendo de la mayor o menor especificación y/o sofisticación del producto en cuestión.

Normalmente se necesita de vendedores consultores en este tipo de mercado, pues las empresas no pueden tener compradores especialistas para todos los productos que adquieren, tal vez los tengan solo para los productos o insumos más importantes para su proceso.

Mercado de gobierno o instituciones:

Este mercado está compuesto por todas aquellas organizaciones de gobiernos a nivel nacional, estatal o de provincia, municipal o delegacional y otras organizaciones descentralizadas como escuelas, hospitales, institutos, agencias, etc. En términos generales las instituciones definen detalles del producto como calidad, precio, empaques, etc. así como el proceso de compra, generalmente se hace vía concurso o licitación publica, estos procesos suelen ser muy elaborados y complejos de tal menar que las empresas que las empresas que quieren vender a este mercado deben invertir en el desarrollo de su personal, que puede ser o no el mismo vendedor.

Este mercado es muy parecido al de empresas pero tiene la particularidad de las compras vía licitación publica, lo cual agrega un ingrediente especial al trabajo del Vendedor Consultor pues este se debe especializar en entender todo el proceso de licitación pues de ello depende gran parte del resultado del esfuerzo de venta, independientemente de la calidad del producto.

En este tipo de venta influye menos la parte emocional pues el proceso de licitación manda la decisión de compra y, este, se diseña para que los gobiernos den el mejor uso posible a los recursos de sus contribuyentes, cabe señalar aquí que los gobiernos a todos los niveles generalmente son clientes muy importantes en cuanto a sus niveles de compra, por lo cual vale la pena siempre considerarlos como un mercado meta interesante, claro, siempre y cuando su producto sea necesario para ellos.

Tamaño y participación de mercado

Con objeto de diseñar e implementar una mejor estrategia de penetración de mercado, es decir que tanto posicionamos nuestro producto en el mercado de interés, es muy importante usar un buen criterio para el cálculo del tamaño del mismo, un criterio recomendable es segmentarlo lo más posible y luego reagruparlo a conveniencia, surge aquí la interrogante de como segmentar al mercado, lo más recomendable es segmentarlo de tal manera que sea lo más natural posible y que tenga sentido comercial y/o unifique criterios de decisión de compra, otro criterio, que también se puede combinar con los anteriores, es la segmentación geográfica, desde continentes hasta regiones dentro de un mismo país o dentro de una misma ciudad, de aquí se desprende que hablemos, en cuanto a segmentación se refiere, de mercados globales, regionales y/o de nicho.

En algunos casos ya existe cierta segmentación, sobre todo en mercados de consumo, que nos puede servir de base para, a partir de ahí, diseñar nuestra estrategia, en otros casos, sobre todo en productos especializados e insumos industriales, nosotros debemos proponer una clasificación y segmentación que soporte o sirva de base para nuestra estrategia de posicionamiento y/o penetración de mercado.

Para el cálculo de tamaño de marcado primero debemos definir el alcance o región de interés, a las empresas multinacionales les interesa el tamaño global, por regiones y por países, si hablamos de una pequeña empresa local el interés y el alcance serán más localizados, incluso podríamos hablar de solo un estado o una parte de una ciudad, esta es la primera segmentación y es muy importante estar consciente del alcance que se quiere abarcar, pues de lo contrario se podrá caer en un desperdicio de recursos y frustración o en un mal servicio y pérdida de clientes y generación de una mala reputación, después de definir el alcance geográfico podría surgir la necesidad de segmentar en otros aspectos como edad, capacidad de compra, etc. todo depende del tipo de producto en cuestión.

Después de definir el tamaño de mercado para nuestro producto, la siguiente cuestión o definición de interés es nuestra participación de mercado y aquí surgen los competidores, pues lo que no tengo yo lo tienen ellos y mis posibilidades de mantener, crecer o perder participación de mercado dependen en parte de las capacidades de los demás competidores, en términos de conocimiento y dominio de mi producto y mercado, así pues, para tener la información y herramientas que te sirvan de base para el diseño de tu estrategia comercial, es importante partir de una matriz como se muestra a continuación:

Participación de mercado

Nivel de sofisticación	Mi empresa	Competidor A	Competidor B	Competidor C	Otros	Total $
High End	25%	**30%**	18%	14%	13%	$500.00
$	$125.00	**$150.00**	$90.00	$70.00	$65.00	
Estándar	**45%**	10%	30%	10%	5%	$700.00
$	**$315.00**	$70.00	$210.00	$70.00	$35.00	
Low End	10%	0%	10%	**60%**	20%	$300.00
$	$30.00	$0.00	$30.00	**$180.00**	$60.00	
Total $	$470.00	$220.00	$330.00	$320.00	$160.00	$1,500.00
%	31.3%	14.7%	22.0%	21.3%	10.7%	100%

De esta matriz podemos obtener:

Tamaño de mercado = $ 1,500.00

Segmentos de mercado por sofisticación:

High end = 33.3 % = $ 500.00

Estandar = 41.7 % = $ 700.00

Low end = 25.0 % = $ 300.00

Mi empresa es líder del mercado con una participación total de 31 % y ventas de $ 470.00, además mi empresa domina el segmento Estándar con 45 % de participación y ventas de $ 315.00

Similar a la matriz anterior se pueden hacer las combinaciones más interesantes para el producto en cuestión, por ejemplo, se podría hacer una matriz de penetración de mercados por tecnología, o de penetración de mercados en los diferentes segmentos de edades o de poder adquisitivo.

Estos análisis nos pueden dar representaciones como las que se muestran a continuación:

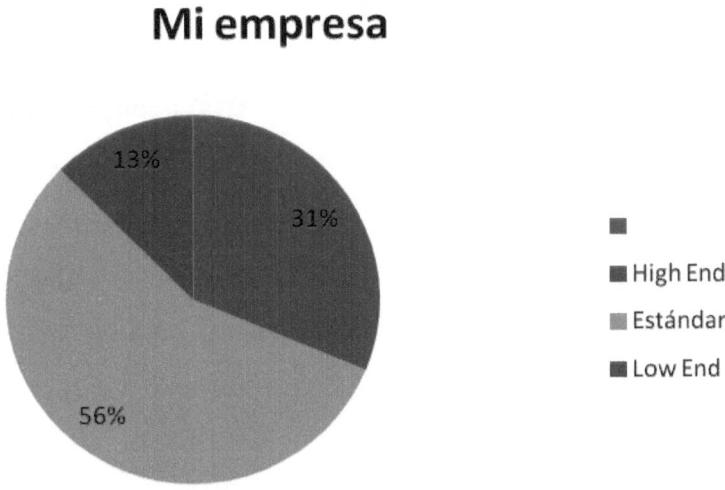

Mi empresa

En donde estamos representado como se distribuyen mis ventas en los diferentes segmentos de acuerdo a la sofisticación, de acuerdo a la tabla original, este pastel representa $ 470.00 y se distribuye en los %´s que se muestran en la grafica.

Un elemento muy importante a compenetrar respecto al conocimiento del mercado, es el conocimiento de mis competidores, no respecto a sus productos, pero más bien respecto a sus capacidades, es decir, entender en donde están, que estructura e infraestructura tienen, que estrategia están usando para mantener o crecer su participación, etc., saber esto me da una ventaja mas a la hora de diseñar e implementar mi estrategia y acciones comerciales, en el mismos sentido, debo ser muy discreto en cuanto a difundir mis capacidades en el mercado que me interesa, pues seguramente mis competidores estarán atentos en tratar de entender mas detalles de mi estrategia.

Del párrafo anterior puedo desprender un análisis de fortalezas, debilidades, oportunidades y amenazas tanto de mi empresa como de mis competidores, con este análisis puedo tener más elementos para diseñar mi estrategia comercial y su implementación con mayor probabilidad de éxito, este análisis es conocido como SWOT por sus siglas en ingles;

Strenght = Fortalezas = Deben ser mis ventajas competitivas o diferenciadores más importantes.

Weakness = Debilidades = Lo que no tengo y tal vez no pueda tener en el corto plazo.

Opportunity = Oportunidades = Algo que puede venir del mercado y que me puede ayudar.

Threads = Amenazas = algo que también puede venir del mercado y que me puede perjudicar.

Como podemos ver en las definiciones, las fortalezas y debilidades dependen de mi, son internas, y las oportunidades y amenazas no dependen de mi, son externas, tener muy claro como se encuentra mi empresa y mis competidores, incluso mis clientes clave en estos factores me ayudara a ser mucho más efectivo a la hora de diseñar e implementar mi estrategia comercial para los mercados y clientes objetivos, pues al cruzar cada matriz podre identificar en donde puedo ayudar más a mi cliente y en donde puedo competir mejor contra mis competidores, incluso en donde me convendría invertir en el corto plazo para mejorar mi posición competitiva y penetración de mercados y clientes, es muy recomendable estar actualizando esta herramienta por lo menos una vez al año pues así como yo o mi empresa estamos invirtiendo y trabajando en acciones de mejora continua, lo mismo están haciendo mis competidores, además de que el mercado y los clientes estarán cambiando de necesidades y preferencias.

Ejemplo SWOT de mi empresa:

Strenghts = Fortalezas:	Opportunities = Oportunidades:
<ul><li>Fabricación local.</li><li>Tiempos de respuesta más raidos que la competencia.</li><li>Soporte técnico en todo el país.</li><li>Desarrollo de productos a la medida.</li></ul>	<ul><li>Crecimiento del mercado local.</li><li>Estabilidad de economía local.</li><li>Crecimiento de la economía en la región.</li></ul>
Weakness = Debilidades:	**Threads = Amenazas:**
<ul><li>Dependencia de insumos importados.</li><li>Falta de experiencia en logística.</li><li>Falta de financiamiento</li></ul>	<ul><li>Entrada de productos Chinos.</li><li>Nuevos fabricantes locales.</li><li>Cambios de hábitos en los consumidores.</li></ul>

Resumen de conceptos y herramientas del pilar II

- Identifica el tipo de mercado en donde participas:

  Mercado de consumo

  Mercado de empresas

  Mercado gubernamental

- Investiga el tamaño de mercado y tu participación de mercado, tan segmentado como te sea posible.
- Elabora tu análisis SWOT o FODA y el de tus competidores, actualízalo al menos cada año.

PILAR III

Desarrolla tus habilidades de comunicación

Una herramienta básica para el Vendedor Consultor es la comunicación efectiva.

En este tema realmente hablaremos de habilidades de comunicación, como ya lo comentamos en paginas anteriores, aunque estemos vendiendo productos muy especializados, al final del día vamos a tratar con una o varias personas, las cuales, independientemente de la tarea asignada respecto a la adquisición de nuestros productos o los de la competencia, también tendrán algunos criterios de decisión, algunos motivadores especiales, su propia personalidad y su propio estilo de comunicación y aprendizaje, entender estos aspectos te puede dar una gran ventaja respecto a tu competencia y, sobre todo, te ayudara a hacer más fácil y placentero tu trabajo.

Este capítulo está construido para que lo uses como referencia no solo para mejorar la comunicación en tu trabajo pero también en tu vida personal, te recomiendo que lo repases tanto como puedas y, sobre todo, que trates de poner en práctica todas las recomendaciones.

Para aumentar la efectividad en tu comunicación te recomiendo ser lo más directo y objetivo posible, usar el mejor canal de comunicación con tu interlocutor, ser asertivo, escuchar de manera empática y buscar siempre acuerdos ganar-ganar, confirmados con acciones www.

Guau !!!!!!!

Que fácil se dice !! verdad? Solo cuatro líneas.

Bueno, la verdad es que no es nada fácil llevarlo a la práctica, de hecho uno de los problemas más comunes en cualquier organización, de negocios, familiar, religiosa, etc. es precisamente la falta de una comunicación efectiva, una de las leyes o máximas de la comunicación es que esta se da aunque no haya intención, es decir, es inevitable, aun sin decir una sola palabra se da un mensaje, mas adelante entenderás porque y como sucede esto.

Partamos entonces con las leyes o máximas de la comunicación:

- **La comunicación es inevitable.**
- **La comunicación efectiva parte de la escucha activa o escucha empática.**
- **El nivel emocional de la comunicación condiciona el nivel racional.**
- **La responsabilidad de la comunicación es del emisor no del receptor.**
- **El mensaje real es el que recibe el receptor no el que manda el emisor.**

Explicar estas leyes nos ayudara a clarificar los conceptos expresados en las cuatro líneas del párrafo de comunicación efectiva.

- **La comunicación es inevitable.**

Solo piensa y observa con detalle cualquier interacción entre dos o más personas, aun sin intercambio de palabras hay mensajes de por medio, seguro recuerdas las películas de Chaplin cierto? bueno esto sucede porque todos tendemos a interpretar o juzgar lo que vemos, esto lo hacemos por instinto, cuando vemos algo o a alguien nuestro cerebro inmediatamente empieza a pasar la imagen por los diferentes filtros; culturales, emocionales, racionales etc., y entonces saca conclusiones, es decir, un mensaje decodificado a través de todos los filtros. diferentes estudios descomponen el mensaje en los siguientes elementos:

Palabras; lo que decimos.   **7 %.**

Como lo decimos.   **38 %**

Lenguaje corporal o no verbal.   **55 %**

- **La comunicación efectiva parte de la escucha activa o escucha empática.**

La escucha empática parte de la empatía, que en términos generales podemos definir como, no solo ponerse en los zapatos del interlocutor pero, más importante y difícil, caminar en sus zapatos, tratar de entender cómo piensa y siente y porque, solo así podremos entender mejor y decodificar el mensaje que nos quiere transmitir, solo entonces podemos transformar el oír en escuchar y el solo escuchar en escuchar de manera activa y empática, aquí es en donde entra la práctica de escuchar para entender y confirmar lo entendido "parafraseando", al parafrasear estoy traduciendo lo que escuche a mis propias palabras y si obtengo una confirmación de parte de mi interlocutor entonces ya se logra la magia de una comunicación efectiva pues se logra que ambos entendamos lo mismo aun con diferentes palabras.

Algo adicional que podemos decir es que la empatía se debe dar en ambos sentidos pues de lo contrario no funciona, puede haber un esfuerzo por ser empático en un sentido pero si el otro no está dispuesto entonces no se podrá dar una comunicación efectiva, es como no contestar la llamada o como no contestar de recibido y entendido un correo electrónico, para que se de la empatía en ambos sentidos se debe generar confianza para que se hagan a un lado todos los filtros y ambas partes se puedan concentrar en el contenido de la comunicación, cuando decimos "todos los filtros" hablamos de los filtros intelectuales y emocionales que están ahí porque se han formado a lo largo de nuestras vidas personales y profesionales y solo dejan de actuar si hacemos consciencia de ellos y de manera voluntaria los ponemos a un lado para concentrarnos en nuestro interlocutor y el mensaje que le queremos transmitir o que nos quiere transmitir.

- **El nivel emocional de la comunicación condiciona el nivel racional.**

Si uno de los interlocutores no tiene la intensión y la disposición de entender, automáticamente bloquea y distorsiona el mensaje. Como Vendedor Consultor debes asegurarte de que esto no suceda con tu interlocutor o detectar a tiempo y buscar cambiar su actitud y disposición despertando su interés y luego ganando su confianza poco a poco, una señal clara de que existe algún bloqueo o de que tu mensaje no está llegando a tu interlocutor es la falta de acción de parte de él o ella, si detectas esto debes indagar mas y encontrar las verdaderas razones por las cuales no hay una respuesta o por las cuales tu mensaje no está llegando, normalmente es falta de confianza.

- **La responsabilidad de la comunicación es del emisor no del receptor**.

Como Vendedor Consultor, es tu responsabilidad comunicarte de manera efectiva con tus clientes o prospectos, debes hacer un esfuerzo para entender, primero, sus estilos de comunicación, sus intereses, sus criterios de decisión, sus preocupaciones en las cuales tu producto servicio puede tomar un papel relevante, una vez hecho lo anterior entonces debes conseguir el tiempo necesario para trasmitir tu "mensaje de valor" y procurar que este mensaje sea un "Mensaje CCCC" es decir: Claro, Corto, Concreto y Cierto. también se dice fácil pero no es lo común, pero si quieres ser un buen comunicador o efectivo en tu comunicación debes pasar por este filtro de las cuatro C's a todos tus mensajes o al menos a los más importantes antes de lanzarlos al canal de la comunicación.

- **El mensaje final y real es el que recibe el receptor no el que manda el emisor**.

De aquí la importancia de parafrasear y proponer acciones www que confirme que el mensaje se ha entendido, obtener un acuerdo que implique una o varias acciones www es la confirmación y conclusión de una comunicación efectiva, como Vendedor Consultor este uno de los puntos clave para hacer más corto el ciclo de venta y cerrar mas negocios que tu competidor.

El receptor tiene varios filtros o barreras que entran en juego cuando está recibiendo o decodificando el mensaje que le está transmitiendo el emisor, como Vendedor Consultor debes anticiparte a estos filtros y asegurarte de que nos son un impedimento para llevar a cabo tu propuesta y mover a la acción a tu comprador, en este caso tu interlocutor.

Que son las acciones www?

Bueno, es muy común en la comunicación que se expresen acuerdos o acciones que se quedan un poco o un mucho en el aire, ejemplos:

- Ok, luego nos vemos para comer y discutir los términos de compra.
- Está bien, hacemos las pruebas la próxima semana.
- Nos hablamos la próxima semana.
- Debemos terminar la tarea en el Q1.

Son frases y "acuerdos" que se quedan muy abiertos, ambiguos, indefinidos sin un verdadero compromiso y realmente son ejemplo de una comunicación poco efectiva porque nos llevan a malos entendidos, confusiones y re trabajos en la comunicación, porque cuando nos damos cuenta de que nos falto definir la acción (What), la fecha (When) y el responsable o responsables directos (Who), tenemos que regresar a tener otra reunión u otra conversación para aclarar estos tres aspectos claves en la o las acciones a seguir.

Como Vendedor Consultor debes acostumbrarte a que cada actividad que planees este enfocada a mantener y/o desarrollar a tus clientes cautivos 80/20 o a tus prospectos o proyectos 80/20 y que cuando estés haciendo los acuerdos correspondientes con tus interlocutores, a ambos les quede claro y dejen acordada la siguiente acción www.

Como traduciríamos los ejemplos de acciones no www en acciones www que pusimos líneas atrás?

- Ok, luego nos vemos para comer y discutir los términos de compra. = **Ok, nos reuniremos tu y yo el próximo viernes a las 2 pm en el restaurante de enfrente para comer y discutir y acordar los términos de compra.**

- Está bien, hacemos las pruebas la próxima semana. = **Esta bien, el miércoles de la próxima semana a las 10 am te doy oportunidad de que hagas las pruebas con el supervisor en turno.**

- Nos hablamos la próxima semana. = **Te llamo el próximo Lunes a las 10 am para confirmar el pedido.**

- Debemos terminar la tarea en el Q1.= **Vamos a terminar la tarea antes de que termine el primer trimestre, para lo cual debemos hacer un plan de acción www con todos los involucrados, ese plan de acción www debe ser elaborado por nosotros dos y lo debemos presentar el próximo Viernes.**

Como te puedes dar cuenta es muy fácil dejar las acciones al aire o sin esta definición de las www, sobre todo en nuestra cultura Latina en donde se evade un poco el compromiso bien definido y la mayoría de las cosas, acuerdos, conversaciones se quedan en suposiciones, en una falsa confianza, en una supuesta buena voluntad, apoyadas en supuestas buenas relaciones y luego tienen que venir mas reuniones, llamadas, correos etc. para aclarar todo lo que se pudo y se debió haber dejado claro en la reunión frente a frente o en la conferencia que ya se tuvo y para la cual todos los participantes invirtieron tiempo y recursos.

Comentamos en algunas páginas anteriores que una de las funciones claves del Vendedor Consultor es comunicar el valor de su producto o servicio de manera adecuada, aquí podemos complementar señalando que para comunicar valor de manera efectiva es importante entender y definir, incluso acordar cuando se trata de trabajo en equipo, el mejor canal a usar en el proceso de comunicación, si estoy tratando con un cliente con quien ya tenga establecida cierta confianza a raíz de haberle comprobado y cumplido mi promesa de valor y beneficios, entonces podre abordar este tema de manera directa y podremos llegar a acordar cual es mejor canal de comunicación y ser más efectivos ambos en nuestro siguiente proyecto, por el contrario, si se trata de un prospecto al que estoy tratando de convertir en cliente, entonces si debo esforzarme mas en descubrir por mi cuenta cual es el mejor canal.

Entonces, como Vendedor Consultor debes asegurarte de tener reuniones efectivas, en donde practiques la comunicación efectiva con tus interlocutores para que también seas mucho más efectivo en cerrar más y mejores tratos, una prueba de que estas siendo efectivo es que siempre obtengas como resultado de tus reuniones y conversaciones una o varias acciones www.

Trabajo en equipo

Para ser efectivo al trabajar en equipo es muy importante ser efectivo en la comunicación al interior del equipo, y un Vendedor Consultor siempre debe tratar de trabajar en equipo con sus colegas de la empresa en todas las áreas de soporte y, no siempre fácil y mucho menos natural, con sus clientes. Todos los temas que ya vimos respecto a la comunicación tienen aplicación a la hora de tratar de trabajar en equipo y lo vamos a hacer más evidente al describir las características de un equipo de alto desempeño, que sin duda es un equipo que sabe trabajar junto aprovechando todas las capacidades de sus integrantes.

Un equipo de alto desempeño se caracteriza por:

- **Hay plena confianza entre sus integrantes.**

Es decir que hay apertura total de cada miembro para con los demás, hay una exposición total de las fortalezas y de las debilidades de cada uno, hay un conocimiento intimo o casi intimo de todos, se dicen y hacen las cosas de frente y aceptando y respetando las diferencias de opinión y estilos de comunicación.

- **No hay miedo a enfrentar y resolver conflictos.**

Es decir que no se acepta la falsa armonía, todos se esfuerzan por ser asertivos sin temor a que las diferencias lleven a rupturas o posturas de intolerancia, se cuenta con disposición a la negociación y se acepta el no estar de acuerdo al interior del quipo pero hay el compromiso de aceptar las decisiones del equipo como propias aun si alguien no está del todo convencido.

- **No hay miedo a la vulnerabilidad entre ningún miembro del equipo.**

Se entiende que todos tenemos fortalezas y debilidades y que estas últimas pueden representar nuestro punto o puntos débiles, en un equipo maduro y de alto desempeño los integrantes se deben sentir protegidos por los demás y no deben tener sus miedos o puntos débiles ocultos al resto del equipo, al contrario, se exponen para que los demás lo sepan y lo protejan.

- **Todos son responsables.**

Todos tiene una alta habilidad y capacidad de respuesta, no existe el no entendí o el no me quedo claro o el no me dio tiempo como respuesta, si algo no está claro se busca clarificar antes del tiempo límite y se obtiene respuesta en tiempo y forma de todos y cada uno de los integrantes, las tareas no se retrasan, al contrario se simplifican al máximo y se llega a resultados en tiempos más que aceptables, lo cual permite al equipo cubrir mas tareas o proyectos, y todo con el mínimo estrés posible para todos.

- **Todos se enfocan al resultado del equipo no a su propio resultado.**

El resultado es el que se planteo como objetivo del equipo o de la empresa, no el de cada integrante o el de cada área, todos buscan ser lo más eficientes posible para aportar al gran resultado incluso por encima del propio, las empresas maduras compensan a las apersonas por el resultado de toda la empresa no solo por el de la persona o el de una área específica.

Qué papel juega la comunicación en estas 5 características de un equipo de alto desempeño?

Bueno, no puede haber confianza, ni total entendimiento si no hay empatía entre el equipo, no puede haber efectividad si no hay confianza, no puede haber un enfoque al resultado y una exigencia de máxima responsabilidad si hay miedos y agendas ocultas y comunicación poco efectiva.

Negociación:

Negociar en términos generales es resolver conflictos y llegar a acuerdos, visto así es una actividad que no solo los Vendedores pero cualquier persona en cualquier ámbito practica todos los días frente a diferentes situaciones, en la negociación existen algunas máximas como:

- **Si sabes negociar, siempre obtendrás más de lo que mereces.**
- **Siempre estas negociando aunque tú no seas consciente de ello.**

Sin duda la negociación es una situación en donde las habilidades de comunicación son fundamentales para tener éxito, sobre todo la parte de comunicación asertiva pues si no eres capaz de decir "no" a condiciones desfavorables para ti o tu empresa seguramente estarás aceptando un acuerdo poco favorable y sin futuro, dado que te generara incomodidad, y tendrás que regresar a re-negociar los términos y probablemente se generara un conflicto en la relación.

Bueno, ya estamos de lleno en el tema, lo que busco con esta parte de la obra es hacerte consciente de que las habilidades de comunicación son un pilar fundamental para que tengas un alto desempeño como Vendedor Consultor al trabajar en equipo y negociar, y que es tu obligación ser proactivo y prepararte lo mejor posible en estos temas, aquí ya te he dado algunas bases y recomendaciones para la comunicación en general y ahora te presentaré algo mas especifico acerca de la negociación.

Como Vendedor Consultor lo que quieres es hacer negociaciones ganar-ganar siempre, para ser más explícitos en este término debo decir que estas negociaciones o acuerdos o tratos deben ser de beneficios mutuos para ambas partes de tal manera que no contengan ningún tipo de conflicto presente ni futuro, así estarás garantizando que el acuerdo o trato tendrá una duración de largo plazo y ayudara a fortalecer la relación comercial, y tal vez la personal, entre ambas partes.

Una de las máximas que te presente líneas atrás; "Siempre estas negociando aunque tú no seas consciente de ello" es como la comunicación, es inevitable, si no eres consciente de esto, lo más probable es que siempre estés aceptando tratos o acuerdos en donde tú estás perdiendo y cediendo más que la otra parte, o simplemente no estas obteniendo todo lo que podrías en estos tratos o acuerdos, por lo tanto, el primer paso que debes dar como Vendedor Consultor es ser consciente de que siempre que estés interactuando con tu cliente o prospecto estas negociando algo o preparando la siguiente negociación, mas adelante te voy a presentar una recomendación y ejemplo de cómo prepararte mejor, por ahora lo más importante es que te quede claro que debes ser proactivo en este tema, es decir, que debes tomar la iniciativa para negociar, esto te dará una ventaja no para que tu ganes y tu cliente o prospecto pierda pero si para que obtengas las mejores condiciones y hagas negocios, tratos y acuerdos de largo plazo, así es que dentro de tus principales actividades debes tener claro cuando y como vas a negociar, debe ser parte básica y recurrente de tu agenda, si no es así, lamento decirte que probablemente estas cediendo demasiado y que tus márgenes de utilidad no son los mejores o los deseados por los inversionistas o dueños del negocio o tu jefe o tu bolsillo.

Cuando es el momento adecuando para negociar? bueno, ya lo mencione varias veces, la respuesta es siempre, bueno para ser mas practico, como ya lo mencione también, debes ser proactivo y aprovechar todas las coyunturas que se te presenten en el tiempo y también debes aprovechar los vencimientos de plazos en acuerdos o contratos o cotizaciones, en más de 22 años de experiencia he visto que la actitud más común de parte de los Vendedores es que no se aprovechen estas oportunidades y simplemente se mantengan las condiciones para "no incomodar al cliente" o no "abrir la puerta a la competencia", es entendible que existan estos temores y mas en nuestra cultura latina en la que nos cuesta trabajo ser directos y decir que no, cuando se presenta esta situación lo que podemos comprobar es precisamente la falta de preparación, no solo en habilidades de comunicación pero también en el conocimiento de mi producto y el de mi competidor, en el conocimiento del mercado, en el conocimiento del valor que realmente estoy ofreciendo a mi cliente o que mi cliente está obteniendo de mi producto y servicio, como ven, aquí convergen y aplican los tres pilares que hemos revisado hasta ahora y se hace evidente y tangible la importancia de prepararse lo mejor posible en todos ellos. Bien, sigamos entonces con la preparación para la negociación.

En las "negociaciones" normales la discusión se centra en el precio del producto, y esto se da porque normalmente los que si están preparados son los compradores, a quienes por cierto se les llama negociadores en las organizaciones maduras, y para ellos lo más fácil y practico es centrar la discusión en el precio y obtener un descuento adicional, y digo lo más fácil porque su tarea es documentar ahorros y de esta forma no tienen que documentar prácticamente nada, solo presentan la nueva cotización y el descuento de esta se refleja en los cheques firmados al proveedor y listo, bien, pues esta es una típica negociación ganar-perder en donde el Vendedor y su empresa terminan cediendo un poco mas de margen de ganancia, lo grave de esto es que si no se corrige el acuerdo, más temprano que tarde el proveedor tendrá que bajar la calidad del producto y servicios anexos para seguir subsistiendo o simplemente dejara de surtir o empezara a quedar mal en todo lo anterior, afectando de manera importante al cliente y ocasionando gastos y costos extras que seguramente superaran a los "ahorros" que este ultimo consiguió en su última negociación y entonces lo que tenemos ahora es un conflicto para ambas partes y una situación perder-perder, en donde una vez mas tanto el comprador como el vendedor tendrán que invertir tiempo para tratar de llegar a un nuevo acuerdo, este tipo de situaciones se presenta por la falta de una comunicación asertiva en ambos sentidos, sin embargo quien tiene la responsabilidad de que esto no suceda, siendo asertivo y efectivo en la comunicación, es el Vendedor, cuando esto sucede ya tenemos no a un Vendedor pero más bien a un Vendedor Consultor, no es lo más común pero en algunas organizaciones maduras también podemos encontrar compradores que son asertivos y efectivos en su comunicación y se aseguran de hacer tratos ganar-ganar y de largo plazo, sin embargo quiero insistir en que es responsabilidad del Vendedor Consultor asegurarse de que esto suceda, para lo cual te propongo las siguiente técnica:

"No concentrarse en el precio pero si en todos los aspectos del trato"

Ok, como lo hacemos?

Tanto el comprador como la competencia normalmente buscan llevar la conversación al tema del precio y, cuando mucho, algunas condiciones comerciales, como el plazo de pago y el lugar y costo de la entrega. Como Vendedor Consultor tú te debes asegurar primero de entender que es lo que realmente representa valor para tu cliente, y ojala que lo puedas cuantificar, y luego hacer evidente y tangible todo lo que tú y tu empresa hacen; gastan, invierten, etc., para poder darle ese valor en el producto y servicio, para este fin, lo que he desarrollado junto con los colegas con los que he tenido la fortuna de colaborar en los últimos años, es una "Tabla de valor agregado" , en esta tabla se incluyen todos los gastos e inversiones que tú y tu empresa hacen para tu cliente, desde luego que debes asegurarte de que efectivamente representen valor para tu cliente y que tu competencia no los pueda hacer o por lo menos no los esté haciendo, además de que sean reales y comprobables.

Ejemplo:

Para entregar el acero que requiere mi cliente para su proceso, mi empresa ha hecho y seguirá haciendo los siguientes gastos e inversiones:

Valor agregado	2014	2015
Entregas semanales en planta: $ 1,500 c/u X 50 semanas	$ 75,000.00	$ 82,500.00
Financiamiento a 60 días: 0.5 % /mes/1,500,000 de saldo promedio.	$ 180, 000.00	$ 180,000.00

60 días de inventario en mi almacén: $ 2,000,000 * 1 % por mes	$ 240, 000.00	$ 240,000.00
Pruebas destructivas para control de calidad: Una por entrega = 50 pruebas / $ 3,000/prueba	$ 150,000.00	$ 157,500.00
Cambio de materiales por errores en los pedidos: 2 cambios por $ 500,000 c/u	$ 200,000.00 en fletes y re trabajos	0
Total	$ 845,000.00	$ 660,000.00

Es importante señalar que mi empresa tiene invertidos $ 3,500,000.00 en capital de trabajo para atender a tu empresa y que los costos al productor este año subieron 3.5 %.

Con lo anterior quiero hacer tangible la inversión y compromiso que tenemos con tu empresa para mantener sus niveles de producción con la calidad y oportunidad que les demanda su mercado y solicitar que el precio de nuestro siguiente contrato incluya un ajuste de 3 % efectivo a partir del 1 de Enero del 2015 y válido hasta el 31 de Diciembre del mismo año.

Bueno, ya me fui hasta la cotización, sin duda que nuestros compradores están preparados para estos argumentos y mas, pero es nuestra obligación como Vendedores Consultores documentar y hacer tangibles todos los gastos, costos e inversiones que estemos haciendo para ayudar a nuestro cliente a llegar a sus objetivos, esto no se consigue de la noche a la mañana, tenemos que hacer nuestra tarea y prepararnos en los tres pilares que hasta ahora hemos repasado, de otra forma estaremos siempre cediendo mas y mas margen de nuestro producto hasta que se acabe, y créanme, si se acaba !, porque los costos no solo de materias primas pero, mas importantes, de servicios anexos necesarios, siempre están subiendo, y esto lo puedes comprobar de manera muy fácil y directa revisando como se ha movido la inflación en tu país y en el mundo en los últimos 10 años para no ir tan atrás, entonces si tú no has tomado la precaución de ir ajustando tus precios, lo más seguro es que tu margen de utilidad se haya erosionado de manera importante en estos mismos años.

Si tu como buen Vendedor Consultor te has preocupado y ocupado en entender a detalle tu producto y el de tu competencia y conoces también a detalle las necesidades de tu cliente y del mercado en el que se mueve, ya tienes una gran ventaja que debes aprovechar a tu favor, si además conoces las particularidades de tu Comprador en términos de comunicación y toma de decisiones, y has generado y establecido una buena confianza con él a través de haberle ayudado con su trabajo en el pasado, entonces tienes todos los elementos y herramientas para armar no solo una tabla de valor agregado pero todo un expediente que te permita tener conversaciones de negocios efectivas y cuando se trate de ajustar precios te será muy fácil obtener lo que necesitas para seguir siendo un buen proveedor o, porque no, el mejor proveedor para tu cliente, bajo acuerdos ganar-ganar para ambas partes.

Cabe señalar que en cuestiones de negociación también es importante que identifiques desde un principio cuál es tu posición frente a tu comprador, es decir que tanto poder de negoción puede haber en ambas partes, siendo más especifico, que tan importante es para cada parte mantener la relación con la otra y cuanto se puede ceder o no para mantenerla, esta parte, si la tienes muy clara y confirmada te da la ventaja de decidir que tanto tiempo y esfuerzo quieres invertir en la negociación, en función de esta variable, tu inversión puede ir desde preparar y mandar por correo la siguiente cotización en términos de aviso de ajuste precios hasta tener que prepararte con meses de anticipación y tener varias reuniones con tu cliente, dependerá de lo que ya comentamos líneas atrás y del tamaño del negocio que represente la relación para ambas partes, también del tamaño y madurez de ambas empresas.

En resumen, como Vendedor Consultor debes ser proactivo y tomar la iniciativa para negociar aprovechando todas la coyunturas posibles que se te presenten, debes estar preparado en todo momento y debes documentar lo más posible todo lo que tú y tu empresa hacen en términos de valor agregado para tu cliente, de esta manera no dejaras que la conversación o discusión se centre en el precio pero si en todas y cada una de las partes que componen el trato, lo cual siempre te va a convenir a ti y a tu cliente pues se elimina la posibilidad de conflictos ocultos y te garantiza tratos y relaciones de más largo plazo.

Recuerda:

- **Si sabes negociar, siempre obtendrás más de lo que mereces.**
- **Siempre estas negociando aunque tú no seas consciente de ello.**

El no ser consciente de estas premisas hace que los vendedores, en vez de estar haciendo tangible el valor agregado que entregan a sus clientes, lo vayan regalando a cada paso o visita o entrevista que van y al final lo único que dejan para "negociar" es el precio.....

Preguntar y Escuchar

Antes de aventurarte a hacer una propuesta de valor o tratar de documentar cualquier beneficio que tu creas que estas entregando a tu cliente, primero debes entender muy bien cuáles son sus necesidades, y para esto es muy útil que sepas hacer preguntas y luego escuches no solo con tus oídos pero con todos tus sentidos, recuerda que las palabras son solo el 7% del mensaje, debes poner atención a todo su lenguaje corporal, debes tomar notas y luego parafrasear y finalmente confirmar con propuestas de acciones www. No tengas miedo de preguntar, no supongas nada, recuerda que la peor pregunta es la que no se hace, la recomendación aquí es que hagas la mayor cantidad de preguntas abiertas para obtener información y solo algunas cerradas para confirmar, tú debes llevar la conversación con las preguntas, solo asegúrate de que estas sean de importancia para ti y para tu cliente, te recomiendo que antes de cada entrevista hagas una lista de preguntas y trates de de responderlas poniéndote en el lugar del cliente, piensa en que le gustaría a tu cliente que le preguntaras para hacerlo sentir que te interesas de manera genuina en su negocio.

Antes de empezar a hacer preguntas a tus clientes y prospectos te las debes hacer a ti, preguntarte que te gustaría que te preguntaran su tú fueras el cliente o prospecto, como te gustaría que te ayudaran, como te guastaría que provecharan tu tiempo durante esa entrevista con los vendedores. Tu habilidad para hacer preguntas estará directamente relacionada con tu habilidad para entender las necesidades de tu cliente y esto te ayudara o no a tener materia prima para hacer propuesta de valor.

Pregunta, escucha y anota, pregunta para entender la situación actual, para entender el problema o área de mejora, las implicaciones y la urgencia de cambiar.

Parte fundamental de tus herramientas de Vendedor Consultor son las preguntas, tu capacidad de escucha empática y cuaderno de notas, sin estas herramientas desarrolladas te será difícil plantear propuestas atractivas para tus clientes y prospectos, así es que te recomiendo que las desarrolles al máximo, empezando por practicarlas con tus compañeros de trabajo y luego probarlas en cada entrevista con tus mejores clientes, es decir con los que has desarrollado suficiente confianza como para que estén dispuestos a contestarte y explayarse en sus respuestas a tus preguntas de exploración.

Ahora que ya tienes más información y recomendaciones con ejemplos de tres de los 4 pilares del Vendedor Consultor, viene la cuestión de cómo empezar, que hacer primero, en que enfocarte, a que dedicarle más tiempo, etc. bueno, precisamente el siguiente capítulo trata de cómo organizarte para ser efectivo en la aplicación de los conocimientos y habilidades que hasta ahora hemos repasado.

Resumen de conceptos y herramientas del pilar III

Leyes o máximas de la comunicación:

- La comunicación es inevitable.
- La comunicación efectiva parte de la escucha activa o escucha empática.
- El nivel emocional de la comunicación condiciona el nivel racional.
- La responsabilidad de la comunicación es del emisor no del receptor.
- El mensaje real es el que recibe el receptor no el que manda el emisor.

Características de un equipo de alto desempeño:

- Hay plena confianza entre sus integrantes.
- No hay miedo a enfrentar y resolver conflictos.
- No hay miedo a la vulnerabilidad entre ningún miembro del equipo.
- Todos son responsables.
- Todos se enfocan al resultado del equipo no a su propio resultado.

Negociación:

- Si sabes negociar, siempre obtendrás más de lo que mereces.

- Siempre estas negociando aunque tú no seas consciente de ello.

El mensaje debe ser: "CCCC"

Recuerda confirmar acuerdos con acciones "www"

Recuerda hacer tu lista de preguntas abiertas antes de cada entrevista, luego ir con la idea de escuchar, escuchar, escuchar y anotar.

PILAR IV

Administración efectiva de tus actividades en el tiempo.

Ojo con el titulo colegas, el tiempo es un concepto absoluto, nadie puede administrar el tiempo, nadie puede ahorrar tiempo, el tiempo no se puede guardar, no se puede acortar ni alargar, es una dimensión en la que todos vivimos y nadie puede hacer diferencia, es lo mismo para todos, lo que si podemos hacer es decidir qué actividades hacemos en el tiempo que tenemos disponible.

Una vez que ya tienes conocimiento solido y estratégico de tu producto y de tu mercado y además cuentas con buenas herramientas y habilidades de comunicación, entonces viene una cuestión igual o más critica que las anteriores, consiste en cómo organizarte para ser efectivo en tu trabajo, que es generar más y mejores negocios todos los días, y es que el tiempo es un recurso limitado para todos y hay muchos distractores que nos pueden desviar muy fácilmente de nuestro objetivo si no somos obsesivos en el cuidados de este, aquí otra vez nuestra cultura y raíces latinas no nos ayudan mucho pues normalmente no es bien visto decir que no muy seguido y se confunde fácilmente la buena educación con tratar de quedar bien con todo mundo y fomentar las relaciones publicas superficiales, debes tener cuidado en no caer en esta tendencia o moda, pues al final, otra vez solo tú serás el responsable del buen o mal aprovechamiento del tiempo y de elegir que actividades haces y cuales dejas de hacer.

Bien, empecemos por el principio, es muy importante que primero estés convencido de que lo que estás haciendo en este momento es lo que realmente quieres hacer ahora y que esto es relevante para tu vida, por lo menos en el corto y mediano plazo, lo ideal sería que también en

el largo plazo pero puede ser mucho pedir por ahora.

Las empresas maduras tienen, normalmente dentro de su sistema de gestión de la calidad, su misión, su visión y sus valores, y esto les da un marco de referencia para mejorar día con día y buscar la excelencia, está demostrado que las empresas que tienen estas bases bien definidas y que se apegan y las siguen con disciplina, llegaran a ser más exitosas que sus competidores, porque aprovechan más y mejor sus recursos. Si les funciona a las empresas, por supuesto que también funciona para cada persona, tu como Vendedor Consultor quieres aprovechar al máximo tus recursos; conocimientos, herramientas, habilidades, para ser más efectivo que tus competidores, entonces es básico y muy relevante que te tomes el tiempo para definir tu:

Misión

Visión

Valores

Una vez más, se dice y escribe fácil pero no lo es, en seguida te doy algunos tips para facilitarte el camino.

Primero quiero comentar que si estás leyendo esta obra es porque seguramente estas buscando mejorar tu capacidad y habilidades como vendedor y te quieres convertir en un buen Vendedor Consultor, lo cual quiere decir que tienes clara tu misión, solo para complementarte en esta parte te recomiendo que te des el tiempo para reflexionar un poco en esta parte de tu vida, si tienes alguna técnica de meditación seguramente la has usado y eso te ha ayudado a tener clara tu misión, si no, puedes tratar lo siguiente: por una semana proponte, cuando te vayas a la cama a descansar, pensar en esta preguntas:

Cuál es mi misión en esta vida?

Para que estoy aquí?

Para que vine?

Que quiero hacer antes de partir?

Solo hazte estas preguntas y toma medio vaso de agua y entonces trata de dormir, digo que trates de dormir porque cuando te hagas estas preguntas seguramente se desencadenara una avalancha de pensamientos y posibles respuestas en tu cabeza y la verdad, al menos a mi ha pasado, tal vez no puedas dormir en un rato a menos que estés verdaderamente cansado, por la mañana al levantarte toma el otro medio vaso de agua y anota lo primero que se te venga en mente acerca de las preguntas que te hiciste antes de dormir, hazlo en los siguientes días hasta que lo que escribas realmente te deje convencido y lo puedas comprobar en los hechos, dependiendo de tu edad, tendrás algunas o muchas pruebas que refuercen lo que escribiste, por ejemplo, digamos que yo escribí y me convenció la siguiente misión:

"Mi misión en esta vida es ayudar a las personas que están a mi alrededor"

Que pruebas puedo presentar para comprobarla? bueno, lo puedo comprobar porque desde que era niño y estaba en el grupo de "Boy Scouts" de la colonia me gustaba mucho cumplir con mis tareas de ayudar a las personas y siempre estaba buscando y pensando acerca de mi "buena acción del día", después cuando adolescente siempre me alistaba como voluntario en cualquier evento y en la actualidad participo activamente también como voluntario en actividades de mi iglesia y de mi comunidad, etc.

Bueno, te darás cuenta de que hay muchas maneras de cumplir esta misión que se me ocurrió como ejemplo, lo importante es que seas lo más sincero posible tanto con tu enunciado de misión como con los hechos que uses para reforzarlo pues se trata de la base que usaras para definir tu visión y tus valores y luego tus actividades que te lleven a la mejora continua y, porque no, a la excelencia.

Una vez que tienes lista tu misión, pasamos a definir tu visión, en este caso se trata de declarar, como te quieres ver en el futuro en el mediano, y tal vez largo, plazo.

Aquí lo que te recomiendo es que hagas el ejercicio de transportarte imaginariamente al futuro, tan adelante como quieras, digamos 5 años, y que entonces pienses y escribas lo que ya sucedio y lo que quieres seguir haciendo, tomando como base tu misión.

Si seguimos con el mismo ejemplo de misión de párrafos atrás, entonces podríamos declarar y escribir los siguiente:

Estoy en el año 2020 y me siento muy satisfecho de las metas que he logrado como Vendedor Consultor, porque esto me ha permitido cumplir mi misión de ayudar a todas las personas que están mi

alrededor, como mis compañeros de trabajo, mi familia y mis amigos, además de todos mis clientes.

Para llegar hasta este punto tuve que superar diferentes obstáculos, como mi timidez y mi dificultad para hablar en público, lo hice preparándome en instituciones de primer nivel e invirtiendo por mi cuenta en cursos y talleres, además me puse a investigar a diferentes empresas del ramo químico para definir en cual me podría desarrollar mejor y finalmente, después de dos años de insistir, me contrate en la empresa que laboro actualmente y llegue a ser de los mejores Vendedores a nivel nacional.

Lo que sigue pare mi en los próximos años es seguirme preparando, voy a perfeccionar mis habilidades en el idioma ingles porque el próximo año, al terminar la maestría en administración de negocios que empecé hace dos años, voy a buscar una posición de "Gerente de Ventas" en mi empresa actual o en alguna otra que cubra mis expectativas.

Entonces, lo que te estoy proponiendo es que te transportes al futuro pero que escribas en presente, es decir que imagines que ya hiciste lo que tienes que hacer para llegar a ser lo que quieres ser, escribirlo es muy importante pues es en este momento cuando te lo empiezas a creer y físicamente se hace tangible, ya lo puedes ver, ya lo puedes tocar, ya lo puedes oler, es decir que ya existe en este mundo o en esta realidad o al menos en tu realidad que es lo más importante, y si por cualquier razón compartes esta misión y esta visión con alguna persona, entonces estas expandiendo la parte tangible que ya comentamos y, de verdad créelo, lo

LOS 4 PILARES DEL VENDEDOR CONSULTOR

más probable es que cada día iras confirmando la materialización de tu visión.

Es exactamente lo mismo que sucede cuando vas a construir una casa, primero compras el terreno y entonces haces el plano arquitectónico, una vez que ya está el plano te encargas de ir consiguiendo todos los recursos, materiales y humanos, para empezar a construir y después de un tiempo, al terminar la construcción, la casa queda igual o muy parecida a lo que se veía en los planos, que tan rápido pasa el proyecto de casa de los planos a realidad, pues depende de que tan rápido se consiguen y aplican los recursos, cierto? bueno, pues lo mismo pasa con tu formación, con tu misión, tu visión, depende de que tan rápido consigues los recursos que necesitas para hacerla realidad, lo importante aquí es tener claro cuáles son esos recursos para que te concentres en ellos y seas más eficiente en la búsqueda e implementación de los mismos, es clave que uses tu imaginación y luego escribas y luego te concentres y te ocupes en que vaya sucediendo, aquí es en donde entra la parte de convertir tus sueños en realidad, debes escribir tus metas y luego designarles un tiempo determinado para irlas llevando a la práctica, un sueño que no tiene fecha se queda como eso, solo un sueño o un deseo, una vez que pones fecha y mas detalles de cómo lo llevaras a cabo, ya empieza a tener más espacio en el mundo de la realidad, aunque solo sea tu realdad, eso es lo único que importa.

Valores:

Cada persona es libre de elegir sus valores, la mayoría de ellos están basados en sus principios y en leyes universales, normalmente van de acuerdo o en congruencia con su cultura y educación, aquí tienes oportunidad de reflexionar y reafirmar los tuyos, a estas alturas es probable que ya los tengas muy claros y que ya tengas algún tiempo, o mucho tiempo de estarlos viviendo, cualesquiera que sean estos, te recomiendo que los escribas en un lugar en donde los veas todos los días para que no se te olviden a la hora en que estés definiendo tus actividades y te apegues a ellos en todo momento.

Tus actividades en el tiempo

Bien, si ya tengo claro cuál es mi misión y cual mi visión, además de que valores me guían en mis actividades, ahora ya puedo empezar a llenar mi agenda con estas y ponerme a trabajar en función de ellas, cierto?

Bueno, permíteme ofrecerte un filtro mas para estar seguros de que las actividades que pondrás en tu agenda son realmente las que te llevaran por el camino de tu misión y te ayudaran a alcanzar tu visión, te recomiendo que primero definas tus metas y las separes de tus sueños o deseos.

Deseos Vs Metas

Como lo decía párrafos atrás, los deseos o sueños son el principio, no son malos, al contrario, quien no tiene sueños o deseos no está usando su imaginación para pintarse el futuro y, muy probablemente, estará sujeto a lo que venga o a lo que otros quieran que venga, entonces es importante soñar y tener deseos para luego dar el siguiente paso, revisar tus recursos y tus posibilidades y los recursos y posibilidades que hay en tu entorno para hacer tu plan de como materializar esos deseos y sueños, muchos se quedaran en solo eso cuando, al querer hacer un plan te des cuenta de que realmente no se trata de acciones, cosas o proyectos trascendentes para tu vida, pero cuando si sea el caso, entonces los escribirás y empezaras a acercarte a ellos cada día, los pondrás por encima y en primer lugar, es decir, que serán tu prioridad, no harás algo mas sin antes haber avanzado en acciones relativas a tu misión y visión, lo más probable es que no se consigan de un día para otro pero debes asegurarte de ir avanzando con el rumbo y por el camino que trazaste en tu plan, hoy día en este mundo de las comunicaciones y la tecnología hay una infinidad de distractores, todos los días debes defenderte contra estos y no perder el rumbo, seguramente tendrás que decir muchas veces "no" a estos distractores, no importando de que tipo u origen sean, esto, si no estás en el entorno más adecuado y propicio para llegar a tus metas, será mas difícil, o si no te estas rodeando de las personas que comulguen con estas metas también será más complicado, así que debes considerar estas claves, del refranero popular: "El que anda con lobos a aullar aprende" también a cazar sus propias presas y otras cosas muy importantes, cierto? y "el habito no hace al monje", no pero si quieres ser algo primero debes parecerlo, así es que desde ya vístete y compórtate como lo que quieres ser mañana y entonces ya empezaste, ya diste el primer paso. la herramienta que te recomiendo es una agenda, si una simple agenda, pero la llamaras y le darás la forma más adecuada para ir monitoreando tu avances, la puedes llamar "Mi bitácora de misión-visión" o "El libro de mi vida" o "avances de mi proyecto", en fin, como se te ocurra, lo importante que sea tuya y que tu escribas de tu propio puño y letra cada "acción www" que quieras poner en práctica cada día para acercarte a tus metas e ir cumpliendo tu misión y, finalmente vivir tu visión.

Ejemplos:

Sueño o deseo: Cuando sea grande quisiera tener un auto deportivo.

Meta: Cuando cumpla 28 años tendré un BMW deportivo color blanco, para que esto suceda empezare a ahorrar el 30 % de mis ingresos desde mi primer sueldo e iré creando un buen historial de crédito por si llego a necesitarlo en ese momento.

Como priorizar si tengo tantos distractores? bueno, como ya lo comente, entre más claro tengas tu misión y tu visión más fácil será que no te desvíes y que no te comprometas o aceptes actividades que no están alineadas con estas, para que esto suceda lo que recomiendo es que en tu agenda personal tengas, en las primeras páginas, escritas con tu puño y letra tu misión y tu visión, así las estarás viendo cada día y esto te ayudara a mantenerte en rumbo e ir buscando el mejor camino hacia ellas.

Como priorizar mis actividades?

- Escribe en tu agenda lo que vas a hacer sin analizarlo, luego tacha todas aquellas actividades que no dependan de ti o que no tengas la capacidad, habilidades o información para llevarlas a cabo, si alguna de estas actividades es relevante para vivir tu misión y acercarte a visión, anótala en otra hoja y busca opciones para llevarla acabo, como pedir ayuda, aprender algo, buscar recursos, etc.

- Ahora define una clasificación, en números, letras o nombres, lo que más te guste y que te haga sentido, para que no se te olvide, y aplícala para actividades que quieres hacer hoy, mañana y durante la semana, para simplificar podrían ser 1,2 y 3:

- Ahora concéntrate en las actividades que quieres hacer hoy y agrega otra clasificación en términos de tiempo y relevancia; Urgentes y no urgentes y relevantes y no relevantes, si no te sientes con los suficientes elementos para aplicar esta segunda clasificación, pregúntate que consecuencias tendrías si nos las haces, la respuesta te dará en automático la clasificación.

Estas últimas clasificaciones o filtros te ayudaran a enfocarte aun mas en las actividades que se deben hacer y en las que se tienen que hacer, una pista importante es que entre más actividades tengas con clasificación 1 y Relevantes(no urgentes) más centrado estarás en vivir tu misión y acercándote a tu visión, y al contrario; entre mas actividades tengas con la clasificación 1 y Urgente, mas distraído estarás en el camino de tu misión y visión.

Ahora viene un pequeño detalle; la disciplina, el habito, tu fuerza de voluntad, la ejecución de tu plan, aquí es donde existe el riesgo de perder el rumbo, de caer en la frustración, de estar trabajando en urgencias porque no hiciste lo que tenias que hacer en el momento en que querías hacerlo, porque no tuviste el valor de decir que no, porque no fuiste asertivo en tu comunicación y aceptaste compromisos que no están en tu plan de acción, porque no quisiste verte antipático con alguien y preferiste desviarte de tu principal objetivo. Bueno, una vez más volvemos a la claridad de misión-visión, si realmente las tienes claras y las tienes escritas y las estás viviendo y acercándote a ellas, no sentirás que estas haciendo un sacrificio muy grande, no te sentirás mal al decir que no a alguna actividad que no esté alineada a tu objetivo, porque será más recompensante para ti el ir comprobando día con día la satisfacción del querer ser y tu realización personal.

Un corredor de maratón no sufre los entrenamientos diarios, los disfruta, sabe que cada día, al ir ganando capacidad cardiaca y resistencia en las piernas, se acerca a la meta de la gran carrera, y el día del maratón solo va a recoger la medalla disfrutando todo el camino a lo largo de los 42.19 km, yo he corrido tres de estos y créemelo, lo disfrutas siempre y cuando tengas la meta clara, varios meses atrás, tu mente ya está en la meta desde que empiezas el programa de entrenamiento, el día de la carrera tu mente sigue en la meta, tu corazón va algunos metros delante de ti, literalmente jalando a tu cuerpo para llegar a la meta, imagínate entonces que tu formación profesional para llegar a ser el mejor Vendedor Consultor es un maratón, debes poner tu mente en la meta y luego entrenar cada día y dejar que tu corazón te valla jalando, así no te dolerá la disciplina que tengas que seguir y muy pronto formaras los mejores hábitos para mantenerte con rumbo y en el mejor camino.

Una vez que tengas avance en estos 4 pilares; conocimiento de tu producto, conocimiento de mercado, desarrollo de habilidades de comunicación para trabajar de menar efectiva en equipo y para hacer negociaciones ganar-ganar y, no menos importante, administración efectiva de tus actividades en el tiempo, créeme que disfrutaras día a día la satisfacción del deber cumplido y las recompensas serán incluso mayores de lo que imaginaste o esperabas.

Resumen y herramientas del pilar IV

No olvides implementar tu agenda de trabajo y personalizarla con:

- Misión
- Visión
- Valores

Clasifica y prioriza tus actividades, concéntrate en el 80/20.

Si empiezas por hacer lo más importante cada día, no te preocupes por lo que dejaste de hacer, tus resultados te darán la razón.

Tus metas deben ser escritas de tu puño y letra, así las empiezas a hacer realidad.

Material recomendado:

Bibliografía:

- Los 7 hábitos de la gente altamente efectiva.
- Las 5 disfunciones de un equipo.
- Los 4 acuerdos.
- Spin sales.
- El rinoceronte.
- Life strategies.
- Ser, hacer y tener.

Películas:

- Erín Brockovich: Historia de la vida real, comunicación; negociación.
- En búsqueda de la felicidad: Historia de la vida real, producto, mercado.
- Atrápame si puedes: Historia de la vida real, producto, mercado, comunicación.
- Remember the Titans: Historia de la vida real, comunicación; trabajo en equipo.
- El silencio de los inocentes: Comunicación.

Deseo sinceramente que esta obra te ayude con tu formación de Vendedor Consultor, me será de mucha utilidad si me das tus comentarios y criticas, pues seguramente estaré trabajando en mejorarla e ir al siguiente nivel, te dejo mis datos para tal efecto agradeciéndote desde ahora el tiempo que te tomes para ello.

oscar_albarran_beltran@yahoo.com.mx